Never Give Up

My Journal

Never Give Up
Large Inspirational Horse Design Notebook / Journal
Copyright 2019 Othen Donald Dale Cummings, My Journal
All Rights Reserved
First Edition
ISBN: 9781074350666

This

Journal

Belongs To:

_____

My Journal

Never Give Up

My Journal

Never Give Up

My Journal

Never Give Up

My Journal

Never Give Up

My Journal

Never Give Up

My Journal

Never Give Up

My Journal

Never Give Up

My Journal

Never Give Up

My Journal

Never Give Up

My Journal

Never Give Up

My Journal

Never Give Up

My Journal

Never Give Up

My Journal

Never Give Up

My Journal

Never Give Up

My Journal

Never Give Up

My Journal

Never Give Up

My Journal

Never Give Up

My Journal

Never Give Up

My Journal

Never Give Up

My Journal

Never Give Up

My Journal

Never Give Up

My Journal

Never Give Up

My Journal

Never Give Up

My Journal

Never Give Up

My Journal

Never Give Up

My Journal

Never Give Up

My Journal

Never Give Up

My Journal

Never Give Up

My Journal

Never Give Up

My Journal

Never Give Up

My Journal

My Journal

Never Give Up

My Journal

Never Give Up

My Journal

My Journal

Never Give Up

My Journal

Never Give Up

My Journal

Never Give Up

My Journal

Never Give Up

My Journal

Never Give Up

My Journal

Never Give Up

My Journal

Never Give Up

My Journal

Never Give Up

My Journal

Never Give Up

My Journal

Never Give Up

My Journal

Never Give Up

My Journal

Never Give Up

My Journal

Never Give Up

My Journal

Never Give Up

My Journal

Never Give Up

My Journal

Never Give Up

My Journal

Never Give Up

My Journal

Never Give Up

My Journal

Never Give Up

My Journal

My Journal

Never Give Up

Made in the USA
Monee, IL
18 September 2020